VEGAN BACKEN

Mit Liebe, aber ohne Ei

Autorin: Nicole Just | Fotos: Thorsten Suedfels

DIE GU-QUALITÄTS-GARANTIE

Wir möchten Ihnen mit den Informationen und Anregungen in diesem Buch das Leben erleichtern und Sie inspirieren, Neues auszuprobieren. Bei jedem unserer Bücher achten wir auf Aktualität und stellen höchste Ansprüche an Inhalt, Optik und Ausstattung. Alle Rezepte und Informationen werden von unseren Autoren gewissenhaft erstellt und von unseren Redakteuren sorgfältig ausgewählt und mehrfach geprüft. Deshalb bieten wir Ihnen eine 100 %ige Qualitätsgarantie.

Darauf können Sie sich verlassen:
Wir legen Wert darauf, dass unsere Kochbücher zuverlässig und inspirierend zugleich sind.
Wir garantieren:
- dreifach getestete Rezepte
- sicheres Gelingen durch Schritt-für-Schritt-Anleitungen und viele nützliche Tipps
- eine authentische Rezept-Fotografie

Wir möchten für Sie immer besser werden:
Sollten wir mit diesem Buch Ihre Erwartungen nicht erfüllen, lassen Sie es uns bitte wissen! Nehmen Sie einfach Kontakt zu unserem Leserservice auf. Sie erhalten von uns kostenlos einen Ratgeber zum gleichen oder ähnlichen Thema. Die Kontaktdaten unseres Leserservice finden Sie am Ende dieses Buches.

GRÄFE UND UNZER VERLAG
Der erste Ratgeberverlag – seit 1722.

INHALT

TIPPS UND EXTRAS

8 LECKERE KLEINIGKEITEN

28 KUCHEN UND TORTEN

48 BROT UND QUICHE

VEGAN BACKEN – EIN KINDERSPIEL

Es gibt viel zu entdecken in der veganen Bäckerei. Wenn Sie Lust auf Neues haben und experimentierfreudig sind, dann backen Sie doch mal ohne Eier!

Sie müssen das Backen nicht neu erfinden, sondern nur einige Handgriffe und passende alternative Produkte kennenlernen.
Wenn Sie die kleinen Tricks herausgefunden haben, wie Sie Eier, Milch und Milchprodukte durch rein pflanzliche Vertreter ersetzen können, neugierig und experimentierfreudig sind, dann werden Sie feststellen: Vegan backen ist kein Problem! In der veganen Backstube gibt es viel zu entdecken. Butter zum Beispiel ist ein beliebter Geschmacksträger und wird in vielen Backrezepten reichlich verwendet. Dass es auch ohne geht, beweisen die rein pflanzlichen Alternativen aus dem Supermarkt oder Bioladen. Gehen Sie auf Entdeckungstour! Achten Sie beim Einkauf auf reine Pflanzenmargarine. Oft werden den Produkten Milchbestandteile wie Molke oder Joghurt, Mono- und Diglyceride (Fettsäuren) zugesetzt. Letztere sind meistens, aber nicht immer, pflanzlichen Ursprungs. Viele Hersteller drucken einen Hinweis auf ihr Produkt, wenn es für eine vegane Ernährung geeignet ist.
Neben Ersatzprodukten für Milch, Sahne und Ei gibt es auch pflanzliche Alternativen für Bindemittel und Gelatine. Eines davon – Guarkernmehl – ist ideal zum Binden. Es wird aus den Samen der Guarbohne hergestellt und macht Warmes und Kaltes schön sämig. 1 Gramm, also ca. ½ gestrichener TL, genügt zum Binden von 150 ml Flüssigkeit. Daneben gibt es im Bioladen oder Supermarkt noch Pfleilwurzstärke und Johannisbrotkernmehl – 1 TL davon bindet 125 ml warme oder kalte Flüssigkeit. Auch für Gelatine gibt es ein pflanzliches Pendant – Agar-Agar. Das Geliermittel aus Rotalgen schmeckt nicht heraus und wird zuerst in etwas Flüssigkeit aufgelöst, dann 1 – 2 Min. gekocht. Je nach gewünschter Konsistenz kann Agar-Agar unterschiedlich dosiert werden. Als Faustregel gilt: 5 Gramm entsprechen 6 Blatt Gelatine und 10 Gramm Agar-Agar machen 1 l Flüssigkeit schnittfest. Probieren Sie am Anfang viele Produkte aus. Nicht jede Pflanzenmilch schmeckt sofort. Nicht jede Margarine kitzelt angenehm den Gaumen.

VEGANER RÜHRTEIG

125 g weiche vegane Margarine | 125 g Zucker | 2 TL Ei-Ersatzpulver (oder Sojamehl) | 1 Prise Salz | 300 g Mehl (Type 405) | 3 gestr. TL Backpulver | 150 ml Sojamilch | vegane Margarine für die Form

Für 1 Springform von 26 cm ∅ (oder für 12 Muffins) | 40 Min. Zubereitung | 30 Min. Backen | Pro Stück ca. 220 kcal, 3 g EW, 10 g F, 29 g KH

1 Weiche Margarine und Zucker in einer Rührschüssel mit den Quirlen des Handrührgeräts auf kleiner Stufe schaumig schlagen.

2 Ei-Ersatzpulver, Salz, Mehl, Backpulver und Sojamilch unter die Zuckermasse rühren und alles auf höchster Stufe glatt rühren.

3 Die Springform mit möglichst zimmerwarmer veganer Margarine gut einfetten. Den Backofen auf 200° vorheizen.

4 Den Teig in die Form füllen und glatt streichen. Den Teigboden im vorgeheizten Backofen (Mitte) 25 – 30 Min. backen.

5 Sobald an einem Holzstäbchen kein Teig mehr klebt, ist der Kuchen fertig. Den Kuchen in der Form abkühlen lassen.

TIPP

Dieser Rührteig lässt sich flexibel verwenden: Geben Sie für fruchtig-süße Muffins Obst der Saison, Schokolade, Marzipan oder Nüsse in den Teig. Für Kuchen zum Aufschneiden, Füllen oder für einen großen Gugelhupf rechnen Sie die Hälfte der Zutatenmenge dazu.

SÜSSER HEFETEIG

500 g Mehl (Type 405) | 1 Würfel frische Hefe | 250 ml Sojamilch | 60 g Zucker | 1 Prise Salz | 120 g weiche vegane Margarine | 1 Msp. Bourbon-Vanillepulver | vegane Margarine für die Form

Für 1 Backblech (45 × 38 cm, 24 Stücke) oder Gugelhupfform (2 l Inhalt, 16 Stücke)
15 Min. Zubereitung | 40 Min. Ruhen | 50 Min. Backen | Pro Stück 130 kcal, 3 g EW, 5 g F, 18 g KH

1 Das Mehl in eine Schüssel sieben, in die Mitte eine Mulde drücken und die Hefe hineinbröckeln. Die Sojamilch erwärmen.

2 Hefe mit 1 TL Zucker bestreuen, Sojamilch dazugießen. Abgedeckt ca. 10 Min. stehen lassen, bis die Hefe Blasen wirft.

3 Das Salz, den übrigen Zucker, die Margarine und das Vanillepulver zum Mehl und dem Vorteig geben.

4 Alle Teigzutaten mit den Händen oder den Knethaken des Handrührgeräts zu einem geschmeidigen Teig verkneten.

5 Den Teig mit einem Tuch abdecken und an einem warmen Ort in 35 – 40 Min. auf das doppelte Volumen aufgehen lassen.

TIPP

Den Teig anschließend je nach Rezept verarbeiten. Wenn ich ihn wie bei Buchteln formen muss, lasse ich die Teigkugeln abgedeckt noch an einem warmen Ort weitere 15 – 20 Min. gehen.

QUICHETEIG

250 g Mehl (Typ 450 oder 550) | ½ TL Salz | 150 g kalte vegane Margarine | vegane Margarine und Mehl für die Form

Für 1 Quicheform von 28 cm ∅ (14 Stücke) | 10 Min. Zubereitung | 30 Min. Ruhen | 30 Min. Backen | Pro Stück ca. 145 kcal, 2 g EW, 9 g F, 13 g KH

1 Mehl, Salz, kalte Margarine und 3 EL kaltes Wasser mit den Knethaken des Handrührgeräts oder den Händen verkneten.

2 Die Quicheform mit Margarine einfetten und mit etwas Mehl ausstreuen. Überschüssiges Mehl entfernen.

3 Den Teig etwas größer als die Form ausrollen, in die Form legen und überstehende Ränder mit einem Messer abschneiden.

4 Die Form mit Klarsichtfolie abdecken. Den Teig im Kühlschrank 30 Min. ruhen lassen. Den Backofen auf 200° vorheizen.

5 Dann den Quicheteig mit einer Gabel mehrmals einstechen und je nach Rezept herzhaft füllen oder belegen.

TIPPS

Sie haben Lust auf Deftiges? Dann können Sie den Boden herzhaft belegen und sofort backen. Wer möchte, kann den Boden erst mit 250 g getrockneten Hülsenfrüchten bei 180° ca. 15 Min. blind vorbacken – das verhindert das Durchweichen des Teigbodens.

LECKERE KLEINIGKEITEN

Cremige Minitörtchen, frische, duftende Hefeteigteilchen, fix gemachtes Kleingebäck lassen die Herzen aller Naschkatzen höher schlagen!

WARME BIRNEN-HEFE-SCHNECKEN

Diese Hefeteilchen lassen sich prima vorbereiten. Ich packe sie noch warm ein und dann ab ins Tiefkühlfach. Und beim Aufbacken sind so frisch wie am ersten Tag.

Für den Hefeteig:
500 g Mehl (Type 405)
1 Würfel frische Hefe (42 g)
¼ l Sojamilch
60 g Zucker
1 Prise Salz
120 g weiche vegane Margarine
1 Msp. Bourbon-Vanillepulver
vegane Margarine für die Form
Mehl für die Arbeitsfläche

Für die Füllung:
½ Bio-Zitrone
4 – 5 mittelgroße Birnen (600 g)
30 g Puderzucker
2 Msp. Bourbon-Vanillepulver
½ TL Zimtpulver
2 EL vegane Margarine

Köstlicher Herbst!

Für ein 12er-Muffinblech | 40 Min. Zubereitung | 1 Std. 10 Min. Ruhen | 15 Min. Backen
Pro Stück ca. 300 kcal, 6 g EW, 11 g F, 44 g KH

1 Mehl in eine Schüssel sieben, in die Mitte eine Mulde drücken und die Hefe hineinbröckeln. Die Sojamilch erwärmen. 1 TL Zucker über die Hefe streuen und die warme Sojamilch darübergießen. Abgedeckt ca. 10 Min. stehen lassen, bis die Hefe Blasen wirft.

2 Salz, übrigen Zucker, Margarine und Vanillepulver dazugeben und alles mit den Händen oder Knethaken des Rührgeräts zu einem geschmeidigen Teig verkneten. Den Teig abgedeckt an einem warmen Ort in 35 – 40 Min. auf das Doppelte aufgehen lassen.

3 Inzwischen die Zitronenhälfte heiß waschen und abtrocknen, die Schale abreiben und den Saft auspressen. Die Birnen waschen, wenn nötig schälen, und fein würfeln. Mit Zitronensaft und -schale, Puderzucker, Vanille- und Zimtpulver vermengen und die Mischung bis zum weiteren Gebrauch beiseitestellen. Die Muffinform einfetten. Den Backofen auf 250° vorheizen.

4 Den Hefeteig teilen und die Hälften auf einer bemehlten Arbeitsfläche jeweils zu 50 × 10 cm großen Rechtecken ausrollen. Die Birnenmischung in die Mitte der Teigrechtecke geben und die Margarine in Stückchen daraufgeben. Den Teig von der Längsseite her aufrollen. Die Teigrollen in insgesamt 12 gleich große Stücke schneiden. Die Teigstücke mit der Schnittfläche nach oben in die Mulden der Form setzen. Dabei leicht andrücken. Den Teig abgedeckt an einem warmen Ort ca. 20 Min. gehen lassen.

5 Danach im Backofen (Mitte) 12 – 15 Minuten backen. Die Schnecken in der Form kurz abkühlen lassen, dann aus der Form lösen und warm servieren.

QUARKBÄLLCHEN

250 g Mehl (Type 405) | 130 g Zucker | 250 g Seidentofu | 3 EL Pflanzenmilch (z. B. Soja- Hafer- oder Reismilch) | 2 TL Ei-Ersatzpulver (oder Sojamehl) | ½ TL Bourbon-Vanillepulver | 2 TL Backpulver | 1 Prise Salz | 1 kleine Bio-Zitrone | neutrales Pflanzenöl zum Ausbacken | 3 TL Puderzucker

Wecken Kindheitserinnerungen

Für 26 Stück | 20 Min. Zubereitung
Pro Stück ca. 70 kcal, 2 g EW, 2 g F, 13 g KH

1 Mehl, Zucker, Seidentofu, Pflanzenmilch, 2 TL Ei-Ersatzpulver, Vanille- und Backpulver sowie Salz in eine Rührschüssel geben. Die Zitrone heiß waschen und abtrocknen, die Schale abreiben und den Saft von ½ Zitrone auspressen. Beides in die Schüssel geben. Alles mit einem Schneebesen glatt verrühren. Teig sollte zäh vom Löffel reißen.

2 Zum Ausbacken das Öl etwa vier Fingerbreit in einen Topf geben und erhitzen. Dabei darauf achten, dass das Öl nicht zu heiß wird.

3 Den Teig portionsweise im heißen Fett ausbacken. Dafür jeweils 1 Teelöffel von der Teigmasse in das heiße Fett geben und bei mittlerer Hitze in ca. 2 Min. goldbraun ausbacken. Dabei die Bällchen einmal wenden. Die Bällchen herausnehmen und auf Küchenpapier abtropfen lassen. Mit Puderzucker bestreuen und warm servieren.

TIPP

Sehr lecker sind die Quarkbällchen, wenn Sie die Bällchen anstelle mit Puderzucker mit Kokossahne servieren. Auch frische Früchte passen gut dazu. Mit frischen italienischen Kräutern und ohne Zucker haben Sie ganz schnell eine herzhafte Vorspeise!

MANGOTÖRTCHEN OHNE BACKEN

100 g Cashewnusskerne | 4 getrocknete Feigen | 1 EL Walnusskerne | 3 EL flüssiges Kokosöl | 250 g Mangopüree (Bioladen) | 1 EL zimmerwarme Kokoscreme (Asienladen) | 1 – 2 EL Agavendicksaft | 6 Papierförmchen

Vollwertig | ohne Zucker

Für ein 6er-Muffinblech oder 6 Souffléförmchen | 12 Std. Einweichen | 40 Min. Zubereitung | 12 Std. Kühlen
Pro Stück ca. 335 kcal, 5 g EW, 20 g F, 33 g KH

1 Die Cashewnusskerne in reichlich Wasser über Nacht einweichen. Am nächsten Tag je 1 Papierförmchen in die Mulden des Muffinblechs oder in die Souffléförmchen setzen. Für den Boden Feigen und Walnusskerne mit dem Messer oder im Blitzhacker fein hacken. Beides mit 1 EL Kokosöl in einer Schüssel vermischen.

2 Die Masse mit feuchten Händen zu einer Kugel verkneten. Die Kugel in 6 gleichgroße Stücke teilen und wieder zu Kugeln formen. Jeweils 1 Kugel in die Mulden oder Förmchen geben, mit den Händen andrücken und dabei einen Rand hochziehen.

3 Für die Füllung die Cashewnusskerne abgießen, abspülen und mit 50 ml Wasser, Mangopüree und Kokoscreme im Mixer fein pürieren. 2 EL Kokosöl und Agavendicksaft untermixen. Die Masse auf dem Boden verteilen. Die Törtchen abgedeckt über Nacht im Kühlschrank durchziehen lassen.

TIPP

Sie haben weder ein Muffinblech noch Souffléförmchen? Kein Problem! Dann geben Sie den Teig und die Füllung einfach in eine kleine Springform von 14 cm Durchmesser und stellen die Form über Nacht in den Kühlschrank.

CUPCAKES

50 g vegane Margarine | 125 g Zucker | 1 Pck. Vanillezucker | 1 Prise Salz | 2 TL Ei-Ersatzpulver (oder Sojamehl oder 80 g Apfelmus) | 120 ml Sojamilch | 1 TL Apfelessig | 200 g Mehl (Type 405) | 1 Pck. Backpulver | 12 Papier- oder Silikonförmchen

Einfaches Grundrezept

Für ein 12er-Muffinblech |
35 Min. Zubereitung | 20 Min. Backen
Pro Stück ca. 150 kcal, 2 g EW, 4 g F, 26 g KH

1 Den Backofen auf 180° vorheizen. Bei Verwendung von Papierförmchen diese in die Mulden des Muffinblechs setzen.

2 Für den Cupcakes-Grundteig die Margarine, den Zucker, den Vanillezucker und das Salz in eine Rührschüssel geben und mit den Quirlen des Handrührgeräts schaumig schlagen. Nach und nach Ei-Ersatzpulver, Sojamilch und Essig unter Rühren dazugeben. Mehl und Backpulver in einer separaten Schüssel mischen und unter die Zuckermasse heben, bis ein zäher Teig entsteht.

3 Den Teig in die Mulden des Muffinblechs oder in die Silikonförmchen füllen. Die Cupcakes im Backofen (Mitte) in ca. 20 Min. goldbraun backen. Dann die Stäbchenprobe machen! Dafür ein Holzstäbchen in die Mitte der Cupcakes stecken. Wenn kein Teig am Stäbchen hängen bleibt, sind die Törtchen fertig. Sonst noch einige Minuten weiterbacken. Eventuell die Oberfläche der Cupcakes mit Alufolie oder Backpapier abdecken, damit sie nicht zu braun werden.

4 Die Cupcakes aus dem Backofen nehmen und kurz in der Form abkühlen lassen, dann aus der Form lösen und vollständig auskühlen lassen. Die abgekühlten Cupcakes mit einer Creme verzieren. Rezepte für Cremes finden Sie auf Seite 15.

TIPP

Sie mögen es lieber schokoladig? Dann rühren Sie doch noch 80 g Kakaopulver unter den hellen Grundteig. Falls der Teig dann zu fest wird, verdünne ich ihn mit etwas Sojamilch.

MOUSSE-AU-CHOCOLAT-CUPS

1 Cupcake-Grundteig (siehe S. 14) | 400 g kalte vegane aufschlagbare Sahne | 150 g vegane Zartbitterschokolade (oder vegane Nugat-schokolade) | Agavendicksaft | 1 gestr. TL Agar-Agar | Spritzbeutel mit Sterntülle

Für Schokoholics!

Für 12 Stück | 20 Min. Zubereitung | 12 Std. Kühlen
Pro Stück ca. 330 kcal, 4 g EW, 21 g F, 31 g KH

1 Cupcakes wie auf Seite 14 beschrieben backen. Die Sahne steif schlagen und kalt stellen. Schokolade klein hacken, in einer Schüssel über dem heißen Wasserbad schmelzen, etwas abkühlen lassen. Agavensirup nach Geschmack unterrühren. Schokolade vorsichtig unter die Sahne heben.

2 50 ml Wasser erwärmen. Agar-Agar unterrühren und ca. 1 Min. köcheln, dann unter gelegentlichem Rühren handwarm abkühlen lassen. Unter die Schokosahne mixen. Die Mousse über Nacht kalt stellen. Am nächsten die Mousse üppig auf die Cupcakes spritzen.

VANILLE-BUTTERCREME-CUPS

1 Cupcake-Grundteig (siehe S. 14) | 200 ml Pflanzenmilch (z. B. Hafer- oder Sojamilch) | ½ Pck. Vanillepuddingpulver | 2 EL Zucker | ½ TL Bourbon-Vanillepulver | 100 g weiche vegane Margarine

Beliebter Klassiker

Für 12 Stück | 25 Min. Zubereitung | 3 Std. Kühlen
Pro Stück ca. 220 kcal, 3 g EW, 11 g F, 29 g KH

1 Cupcakes wie auf Seite 14 beschrieben backen. Pflanzenmilch, Zucker und Puddingpulver glatt verrühren und nach Packungsanweisung einen Pudding zubereiten. Pudding in eine Schüssel geben, mit Klarsichtfolie direkt abdecken und auf Zimmertemperatur abkühlen lassen.

2 Vanillepulver unterrühren. Die weiche Margarine mit den Quirlen des Handrührgeräts auf niedriger Stufe schaumig schlagen. Den kalten Pudding esslöffelweise unterrühren. Den nächsten Esslöffel erst dazugeben, wenn der vorherige vollständig untergerührt ist. Die Creme 2–3 Std. kalt stellen. Die Cupcakes üppig damit verzieren.

BUCHTELN MIT PFLAUMEN

Dieses Rezept hat meine Großmutter in meiner Kindheit sehr oft für uns zubereitet. Seitdem liebe ich den herrlichen Duft von frischem Hefeteig!

Für den Hefeteig:
500 g Mehl (Type 405)
1 Würfel frische Hefe (42 g)
⅛ l Sojamilch
80 g Zucker
80 g weiche vegane Margarine
1 Prise Salz
1 Msp. Bourbon-Vanillepulver
vegane Margarine für die Form
Mehl für die Arbeitsfläche
Puderzucker
Für die Füllung:
6 Pflaumen (oder Zwetschgen)
6 EL Pflaumenmus

Ideal zum Frühstück

Für 1 Springform von 28 cm Ø (12 Stücke) | 40 Min. Zubereitung | 1 Std. 5 Min. Ruhen | 20 Min. Backen
Pro Stück ca. 235 kcal, 6 g EW, 6 g F, 39 g KH

1 Für den Teig das Mehl in eine Schüssel geben, in die Mitte eine Mulde drücken und die Hefe hineinbröckeln. Die Sojamilch erwärmen. Die Hälfte des Zuckers über die Hefe streuen und die Sojamilch darübergießen. Den Vorteig abgedeckt ca. 10 Min. stehen lassen, bis die Hefe Blasen wirft (Bild 1).

2 Den restlichen Zucker, Margarine, Salz und Vanillepulver dazugeben und alles mit den Händen oder den Knethaken des Handrührgeräts zu einem geschmeidigen Teig verkneten (Bild 2). Den Teig mit einem Tuch abdecken und an einem warmen Ort in ca. 40 Min. auf das Doppelte aufgehen lassen.

3 Inzwischen die Pflaumen waschen, halbieren und entsteinen. Die Form leicht einfetten. Den Teig auf einer bemehlten Arbeitsfläche in 12 gleich große Portionen teilen. Jede Portion zu einer Kugel formen, dabei den Teig mit 1 TL Pflaumenmus und einer Pflaumenhälfte füllen. Die Teigkugeln in die Form setzen (Bild 3) und abgedeckt weitere 15 Min. gehen lassen.

4 Inzwischen den Backofen auf 200° vorheizen. Die Buchteln im Backofen (Mitte) in ca. 20 Min. goldbraun backen. Die Form herausnehmen und die Buchteln auf einem Kuchengitter abkühlen lassen. Die Buchteln mit Puderzucker bestäuben und servieren.

1

2

3

SCHNEEWITTCHEN-MUFFINS

Diese Rührteig-Muffins sind bei Klein und Groß beliebt. Sie lassen sich super vorbereiten und im Kühlschrank oder an einem kühlen Ort gut aufbewahren.

Für den Rührteig:
½ Glas Kirschen (350 g Abtropfgewicht)
125 g weiche vegane Margarine
125 g Zucker
2 TL Ei-Ersatzpulver (oder Sojamehl)
1 Prise Salz
300 g Mehl (Type 405)
3 gestr. TL Backpulver
150 ml Sojamilch

Für die Füllung:
½ Pck. Vanillepuddingpulver
2 EL Zucker
200 ml Pflanzenmilch (z. B. Soja-, Hafer- oder Reismilch)

Für die Glasur:
150 g vegane Bitterschokolade
1 TL Kokosfett

Außerdem:
Papierförmchen
Spritzbeutel mit Lochtülle

Zart und saftig

Für ein 12er-Muffinblech | 40 Min. Zubereitung | 30 Min. Backen | 1 Std. Kühlen
Pro Stück ca. 320 kcal, 5 g EW, 15 g F, 42 g KH

1 Den Backofen auf 200° vorheizen. Die Papierförmchen in die Mulden des Muffinblechs setzen. Die Kirschen abtropfen lassen.

2 Für den Rührteig weiche Margarine und Zucker in einer Rührschüssel mit den Quirlen des Handrührgeräts auf kleiner Stufe schaumig schlagen. Ei-Ersatzpulver, Salz, Mehl, Backpulver und Sojamilch dazugeben und alles auf höchster Stufe zu einem glatten Teig verrühren. Die Kirschen vorsichtig unterheben.

3 Den Teig in die Mulden der Form füllen und im Backofen (Mitte) 25–30 Min. backen. Die Stäbchenprobe machen. Dafür ein Holzstäbchen in die Mitte eines Muffins stecken. Bleibt Teig daran hängen, noch einige Minuten weiterbacken. Muffinblech herausnehmen und die Muffins abkühlen lassen.

4 Inzwischen Puddingpulver, Zucker und Pflanzenmilch glatt verrühren und nach Packungsanweisung einen Pudding zubereiten. Den Pudding unter Rühren abkühlen lassen, damit sich keine Haut bildet. Oder mit Klarsichtfolie so abdecken, dass die Folie direkt auf dem Pudding aufliegt.

5 Den Pudding in einen Spritzbeutel mit Lochtülle geben. Die Tülle oben senkrecht in die Muffins stecken und den Pudding in die Muffins spritzen.

6 Die Schokolade hacken, mit dem Kokosfett in eine Schüssel geben und über dem heißen Wasserbad schmelzen lassen. Die Schokolade mit einem Löffel großzügig auf den Muffins verteilen. Die Muffins ca. 1 Std. in den Kühlschrank stellen, dann servieren.

ERNUSSBUTTER-CUPS

150 g vegane Bitter- oder Blockschokolade (70 % Kakaogehalt) | ½ TL Bourbon-Vanillepulver | 180 g cremige Erdnussbutter | 4 EL Agavendicksaft | 6 EL Pflanzenmilch (z. B. Soja-, Hafer- oder Reismilch) | ½ TL Salz | 4 EL geröstete Erdnusskerne | 350 g vegane weiße Schokolade (oder Bitterschokolade)

Ohne Backen

Für 20 Papier- oder Silikonförmchen von 5 cm ⌀ am Boden | 50 Min. Zubereitung | 3 Std. 40 Min. Kühlen
Pro Stück ca. 200 kcal, 5 g EW, 15 g F, 11 g KH

1 150 g Schokolade und Vanillepulver in einen kleinen Topf geben und bei kleiner Hitze unter ständigem Rühren schmelzen lassen. Wenn die Hälfte der Schokolade geschmolzen ist, den Topf vom Herd nehmen und weiterrühren, bis die Schokolade flüssig ist. Dabei ist ganz wichtig: Die Schokolade sollte nicht zu heiß werden, sich aber gut gießen lassen.

2 Anschließend die Förmchen auf ein Tablett stellen und jeweils 1 TL flüssige Schokolade hineingeben. Durch Drehen der Förmchen die Schokolade am Rand entlang laufen lassen, so dass ein 1 – 1,5 cm hoher Rand entsteht. Die Förmchen 30 – 40 Min. in den Kühlschrank stellen, bis die flüssige Schokolade fest geworden ist.

3 Inzwischen für die Füllung Erdnussbutter, Agavendicksaft, Pflanzenmilch und Salz in eine Schüssel geben und mit einer Gabel gut vermengen. Jeweils 1 TL davon in die Schokocups geben und vorsichtig glatt streichen. Die Erdnüsse hacken.

4 350 g weiße Schokolade wie in Schritt 1 schmelzen lassen und die Erdnussbuttermasse so damit übergießen, dass alle Ränder verschlossen sind und die Cups eine glatte Oberfläche haben. Jeweils mit gehackten Erdnüssen verzieren. Die Cups vor dem Servieren mindestens 3 Std. (am besten über Nacht) in den Kühlschrank stellen.

MANDELBUTTER-CUPS

500 g vegane Bitter- oder Blockschokolade (70 % Kakaogehalt) | ½ TL + 1 Msp. Bourbon-Vanillepulver | 150 g ungeschälte Mandeln | 1 EL Agavendicksaft | 20 Mandeln

Ohne Backen

Für 20 Papier- oder Silikonförmchen von 5 cm ∅ am Boden | 50 Min. Zubereitung | 3 Std. 40 Min. Kühlen
Pro Stück ca. 180 kcal, 4 g EW, 15 g F, 9 g KH

1 150 g Schokolade und ½ TL Vanillepulver wie in Schritt 1 und 2 (siehe S. 20) vorbereiten, in Förmchen füllen und kalt stellen. Mandeln mit 40 ml Wasser pürieren. Die Mischung darf leicht stückig sein. Die Masse mit 1 Msp. Vanillepulver und Agavendicksaft abschmecken. Mandelbutter in die Schokoladencups geben, vorsichtig glatt streichen.

2 350 g Schokolade wie in Schritt 1 schmelzen lassen. Die Mandelbutter-Cups so damit übergießen, dass alle Ränder verschlossen sind und die Cups eine glatte Oberfläche haben. Mit 1 Mandel verzieren. Die Cups mindestens 3 Std. kalt stellen.

CASHEW-CRANBERRY-CUPS

100 g Cashewnusskerne | Schale und Saft von 1 Bio-Orange | 50 g getr. Cranberrys | 1 TL Bourbon-Vanillepulver | ½ TL Zimtpulver | 2 EL Agavendicksaft | 1 Prise Salz | 500 g vegane Bitterschokolade | 2 EL Kokosraspel

Ohne Backen

Für 20 Papier- oder Silikonförmchen | 50 Min. Zubereitung | 3 Std. 40 Min. Kühlen
Pro Stück ca. 180 kcal, 3 g EW, 13 g F, 13 g KH

1 Cashewnüsse mit 50 ml Wasser, Orangenschale und -saft pürieren. 20 Cranberrys beiseitelegen, die restlichen hacken und unter das Püree heben. Vanille- und Zimt, Agavendicksaft und Salz unterrühren. Kalt stellen.

2 150 g Schokolade wie in Schritt 1 und 2 (siehe S. 20) vorbereiten, in Förmchen füllen, kalt stellen. Cashewcreme in die Cups geben, glatt streichen. 350 g Schokolade wie in Schritt 1 schmelzen lassen. Cashewcreme-Cups damit übergießen. Mit übrigen Cranberrys und Kokosraspeln verzieren, gut kühlen.

WEIHNACHTSPLÄTZCHEN

400 g Mehl (Type 405) | 2 TL Backpulver | 250 g kalte vegane Margarine | 300 g Zucker | 6 EL Pflanzenmilch (z. B. Soja-, Hafer- oder Reismilch) | 3 EL Sojamehl | ½ TL Bourbon-Vanillepulver | ½ TL Salz | Mehl zum Arbeiten | Ausstecher (s. Tipp)

Klassiker aus Kindertagen

Für ca. 100 Stück | 1 Std. Zubereitung | 12 Min. Backen pro Blech | 2 Std. Kühlen
Pro Stück ca. 45 kcal, 1 g EW, 2 g F, 6 g KH

1 Für den Teig Mehl und Backpulver vermischen. Die Mehlmischung auf eine Arbeitsfläche häufen und in die Mitte eine Mulde drücken. Am Rand die kalte Margarine in kleinen Stückchen und den Zucker verteilen. Pflanzenmilch, Sojamehl, Vanillepulver und Salz in die Mulde geben und verkneten. Den Teig mit etwas Mehl bestäuben und zu einer Kugel formen. Die Teigkugel in Klarsichtfolie wickeln und 1–2 Std. im Kühlschrank ruhen lassen.

2 Den Backofen auf 200° vorheizen. Backbleche mit Backpapier auslegen. Den Teig portionsweise auf einer bemehlten Arbeitsfläche ca. 5 mm dick ausrollen und mit Ausstechern ausstechen. Die Plätzchen nach und nach mit etwas Abstand auf die Backbleche legen und im Backofen (Mitte) nacheinander 10–12 Min. backen, bis sie an den Rändern zartbraun sind. Abkühlen lassen.

DEKO-TIPPS

Zum Ausstechen des Teiges nehme ich Sterne, Herzen, Tannenbäume oder auch mal ein Glas. Die fertigen Plätzchen verziere ich nach Lust und Laune mit Zuckerguss, rein pflanzlichen Zuckerstreuseln oder Schokoladenstreuseln.

VANILLEKIPFERL

1 Vanilleschote | 200 g kalte vegane Margarine | 200 g gemahlene Mandeln | 300 g Mehl (Type 550) | 100 g Zucker | 1 TL Sojamehl | 1 Msp. Backpulver | 1 Prise Salz | 4 EL Puderzucker | 3 Päckchen Bourbon-Vanillezucker

Herrlich mürbe

Für ca. 100 Stück | 1 Std. Zubereitung | 2 Std. Kühlen | 10 Min. Backen pro Blech
Pro Stück ca. 40 kcal, 1 g EW, 3 g F, 4 g KH

1 Die Vanilleschote längs halbieren und das Mark mit einem Messer herauskratzen. Vanillemark, Margarine, Mandeln, Mehl, Zucker, Sojamehl, Backpulver und Salz in eine Rührschüssel oder auf eine Arbeitsfläche geben und verkneten. Den Teig in eine verschließbare Box geben und im Kühlschrank ca. 2 Std. ruhen lassen.

2 Den Backofen auf 160° vorheizen. Backbleche mit Backpapier auslegen. Nach und nach jeweils ein Drittel von dem Teig abtrennen, den Rest wieder in den Kühlschrank geben, bis er aufgebraucht ist. Den gekühlten Teig jeweils zu einer Rolle mit 2 cm Durchmesser formen und davon mit einem Messer ca. 2 cm dicke Scheiben abschneiden. Die Teigscheiben mit den Fingern zu Kipferln formen. Dabei nicht zu lange kneten – der Teig darf nicht warm werden. Die Kipferl auf die Backbleche setzen und nacheinander im Backofen (Mitte) in ca. 10 Min. hellbraun backen.

3 Inzwischen den Puderzucker in eine kleine Schüssel sieben und mit dem Vanillezucker vermischen. Die fertigen, noch warmen Kipferl in der Zuckermischung wälzen und auf einem Kuchengitter abkühlen lassen.

TRIPLE-CHOCOLATE-COOKIES

Ich esse selten Schokolade, aber wenn doch, dann darf es gleich eine dreifache Dosis wie bei diesen Cookies sein – sie sind schnell gemacht und machen mich glücklich.

250 g vegane Bitterschokolade
225 g kalte vegane Margarine
120 g Rohrohrzucker
100 g Zucker
2 TL Ei-Ersatzpulver (oder Sojamehl)
1 TL Bourbon-Vanillepulver
1 Msp. Salz
250 g Mehl (Type 550)
4 EL Kakaopulver
1 TL Backpulver
150 g vegane Schokotropfen zum Backen

Für Schokoholics

Für 36 Stück | 35 Min. Zubereitung | 3 Std. Kühlen | 10 Min. Backen
Pro Stück ca. 160 kcal, 2 g EW, 10 g F, 15 g KH

1 Die Schokolade hacken und in einer Schüssel über dem heißen Wasserbad unter Rühren schmelzen lassen, dann beiseitestellen. Kalte Margarine und Zucker mit den Quirlen des Handrührgeräts auf niedriger Stufe schaumig schlagen. Dann Ei-Ersatzpulver, Vanillepulver und Salz dazugeben und alles gut verrühren.

2 Mehl, Kakao- und Backpulver in einer Schüssel vermischen und esslöffelweise unter die Zuckermasse rühren. Dabei die Mehlmischung immer gut einarbeiten, bevor der nächste Esslöffel dazukommt. Zum Schluss die geschmolzene Schokolade und die Schokotropfen mit einem Löffel unterheben und den Teig ca. 3 Std. in den Kühlschrank stellen.

3 Den Backofen auf 200° vorheizen. Ein Backblech mit Backpapier auslegen. Nach und nach jeweils ein Drittel von dem Teig abtrennen (den Rest wieder in den Kühlschrank geben, bis er aufgebraucht ist), dann mit zwei Teelöffeln 12 kleine Kugeln aus dem Teig formen und im Abstand von mindestens 7 cm auf das Backblech setzen. Die Kekse nacheinander im Ofen (Mitte) 8–10 Min. backen. Die Cookies aus dem Backofen nehmen und mit dem Backpapier vorsichtig (der Teig ist sehr weich!) vom Blech ziehen und abkühlen lassen.

NUSSECKEN

Nussecken sind ein beliebter Klassiker und so lecker, dass sie auch in die vegane Küche passen. Ich liebe die Kombination aus Schokolade, fruchtiger Konfitüre und Nüssen.

Für den Boden:
300 g Mehl
2 TL Backpulver
150 g Zucker
½ TL Bourbon-Vanillepulver
1 EL Ei-Ersatzpulver (oder Sojamehl)
150 g kalte vegane Margarine

Für den Belag:
200 g vegane Margarine
225 g Zucker
1 TL Bourbon-Vanillepulver
200 g gehackte Mandeln
200 g gehackte Haselnüsse
5 EL Aprikosenkonfitüre
200 g vegane Nugat- oder Zartbitterschokolade

Schmecken immer

Für ca. 36 Stück | 1 Std. Zubereitung | 30 Min. Kühlen | 30 Min. Backen
Pro Stück ca. 240 kcal, 3 g EW, 17 g F, 20 g KH

1 Für den Boden Mehl, Backpulver, Zucker, Vanillepulver und Ei-Ersatzpulver auf einer Arbeitsfläche vermischen. Die Margarine in kleinen Stückchen daraufgeben und alle Zutaten mit den Händen rasch zu einem Teig verkneten. Den Teig in Klarsichtfolie wickeln und im Kühlschrank ca. 30 Min. ruhen lassen.

2 Inzwischen für den Belag die Margarine in einem Topf zerlassen. Zucker, Vanillepulver und 4 EL Wasser dazugeben und ca. 1 Min. karamellisieren lassen. Mandeln und Haselnüsse unter den Karamell rühren und die Masse abkühlen lassen.

3 Den Backofen auf 180° vorheizen. Ein Backblech mit Backpapier auslegen. Den Teig am besten mit den Händen oder auch einem Teigschaber gleichmäßig darauf verteilen. Aprikosenkonfitüre und 2 EL Wasser verrühren und mit einem Löffel oder Kuchenpinsel auf dem Teig verteilen. Den Teig mit der Nussmasse bestreichen. Den Kuchen im Ofen (Mitte) 25–30 Min. backen.

4 Den Kuchen aus dem Backofen nehmen, abkühlen lassen und in ca. 36 Dreiecke schneiden. Die Schokolade hacken und in einer Schüssel über dem heißen Wasserbad schmelzen lassen. Die Nussecken dekorativ damit verzieren.

KUCHEN UND TORTEN

Festliche vegane Torten sind trendy und bereichern jede Kaffeetafel. Da für mich Klassiker nicht fehlen dürfen, gibt es auch Rezepte für Käsekuchen und Biskuitrolle.

RHABARBER-STREUSELKUCHEN

Nutzen Sie die kurze Rhabarbersaison für diesen Kuchen. Er stand schon bei meiner Oma auf dem Tisch. Und ich serviere ihn heute genauso lecker, aber vegan.

Für den Boden:
100 g weiche vegane Margarine
100 g Zucker
250 g Mehl (Type 405)
½ Pck. Backpulver
1 TL Ei-Ersatzpulver
125 ml Pflanzenmilch (z. B. Soja-, Hafer- oder Reismilch)
vegane Margarine für die Form

Für den Belag:
300 g Rhabarber
100 g Mehl (Type 405)
2 EL + 70 g Zucker
1 Pck. Bourbon-Vanillezucker
65 g kalte vegane Margarine
Puderzucker zum Bestäuben

Schmeckt der ganzen Familie

Für 1 Springform von 26 cm ∅ (12 Stücke) | 25 Min. Zubereitung | 40 Min. Backen
Pro Stück ca. 280 kcal, 4 g EW, 12 g F, 38 g KH

1 Die Form einfetten. Für den Boden weiche Margarine und Zucker in eine Rührschüssel geben und mit den Quirlen des Handrührgeräts schaumig schlagen. Mehl mit Backpulver mischen und unterrühren. Ei-Ersatzpulver und Milch ebenfalls unterrühren. Den Teig in die Form füllen und glatt streichen.

2 Den Backofen auf 200° vorheizen. Für den Belag den Rhabarber putzen, waschen, schälen und in ca. 1 cm breite Stücke schneiden. Die Rhabarberstücke auf dem Teig verteilen und mit 2 EL Zucker bestreuen.

3 Für die Streusel Mehl, 70 g Zucker, Vanillezucker und kalte Margarine mit den Händen oder den Knethaken des Handrührgeräts zu einem kompakten Teig verkneten. Den Teig zwischen den Fingern zu Streuseln zerreiben und auf dem Rhabarber verteilen. Den Kuchen nach Belieben mit Puderzucker bestäuben.

4 Den Kuchen im Backofen (Mitte) 35 – 40 Min. backen. Dann die Stäbchenprobe machen! Dafür ein Holzstäbchen in die Mitte des Kuchens stecken. Wenn kein Teig am Stäbchen hängen bleibt, ist er fertig. Sonst noch einige Min. weiterbacken. Den Kuchen herausnehmen und auf einem Kuchengitter abkühlen lassen.

TIPP

Haben Sie mal Lust auf andere Früchte? Je nach Jahreszeit lege ich fächerartig 600 g Apfel- oder Birnenspalten, Pflaumenhälften oder entsteinte Kirschen auf den Teig. Je nach Süße der Früchte entscheide ich spontan, ob noch Zucker daraufkommt. Probieren Sie's einfach aus!

APFEL-NUSSKUCHEN

Ein schnell gerührter Teig mit Äpfeln und Nüssen saftig belegt – mehr braucht es für mich nicht, um meinen Kuchenhunger zwischendurch zu stillen.

3 mittelgroße Äpfel (ca. 500 g)
½ Bio-Zitrone
150 g vegane Margarine
175 g Zucker
200 g Mehl (Type 405)
150 g gemahlene Haselnüsse
½ TL Bourbon-Vanillepulver
3 TL Zimtpulver
1 Pck. Backpulver
3 EL Sojamehl | 1 Prise Salz
125 ml Sojamilch

Für die Zimtsahne:
200 ml kalte aufschlagbare Pflanzensahne
2 Pck. Sahnefestiger (falls nötig; Packungshinweis der Sahne beachten)
1 EL Puderzucker
vegane Margarine für die Form
Puderzucker zum Bestäuben

Schnell und einfach!

Für 1 Kastenform von 25 cm Länge (12–14 Stücke) | 30 Min. Zubereitung | 50 Min. Backen
Bei 14 Stücken pro Stück ca. 250 kcal, 3 g EW, 13 g F, 31 g KH

1 Die Äpfel schälen, entkernen und in ca. 1 cm große Würfel schneiden. Die Zitrone heiß abwaschen und abtrocknen, die Schale abreiben und den Saft auspressen. Beides unter die Äpfel mischen. Den Backofen auf 200° vorheizen. Die Form einfetten.

2 Margarine und Zucker in eine Rührschüssel geben und auf kleiner Stufe schaumig schlagen. Mehl, Nüsse, Vanillepulver, 1 TL Zimt- und Backpulver, Sojamehl und Salz vermischen. Die Mischung und Sojamilch dazugeben und alle Zutaten auf höchster Stufe in ca. 1 Min. zu einem cremigen Teig verrühren.

3 Die Apfelwürfel unterheben und den Teig in die Form füllen. Im Backofen (Mitte) 45–50 Min. backen. Dann die Stäbchenprobe machen! Dafür ein Holzstäbchen in die Mitte des Kuchens stecken. Wenn kein Teig am Stäbchen hängen bleibt, ist er fertig. Sonst noch einige Minuten weiterbacken. Den Kuchen herausnehmen und auf einem Kuchengitter abkühlen lassen.

4 Inzwischen die kalte Sahne mit den Quirlen des Handrührgeräts aufschlagen (nach Belieben mit Sahnefestiger). 2 TL Zimtpulver und 1 EL Puderzucker unterrühren. Die Sahne kalt stellen. Den abgekühlten Kuchen mit Puderzucker bestäuben und mit der Sahne servieren.

TIPP

Wer es schokoladig mag, rührt noch 4 EL Kakaopulver unter den Teig. So wird daraus ganz schnell ein Schokoladenkuchen mit Äpfeln und Nüssen.

SCHWEDISCHE APFELTORTE

Diese Kombination aus fruchtig-samtiger Füllung und Sahne schmeckt immer und ist im Spätsommer mein größter Kuchenfavorit.

Für den Biskuitboden:
180 g Zucker
175 g Mehl (Type 405)
40 g Sojamehl
3 TL Backpulver (ca. 10 g)
2 Msp. Bourbon-Vanillepulver
3 EL neutrales Pflanzenöl
vegane Margarine für die Form

Für die Füllung:
6 mittelgroße Äpfel (ca. 1 kg)
1 Bio-Zitrone | 150 g Zucker
2 Pck. Vanillepuddingpulver
1 TL Agar-Agar
1 Msp. Zimtpulver
1 Pck. aufschlagbare Pflanzensahne

Außerdem:
1 Tortenring
geraspelte vegane Schokolade (nach Belieben)

So schmeckt der Spätsommer

Für 1 Springform von 26 cm ∅ (12 Stücke) | 45 Min. Zubereitung | 30 Min. Backen | 8 Std. Kühlen
Pro Stück ca. 330 kcal, 3 g EW, 12 g F, 51 g KH

1 Den Backofen auf 200° vorheizen. Den Boden der Form einfetten. Für den Biskuitboden Zucker, Mehl, Sojamehl, Back- und Vanillepulver in eine Rührschüssel geben und vermischen. 200 ml kaltes Wasser und Öl dazugeben, alle Zutaten mit den Quirlen des Handrührgeräts auf höchster Stufe ca. 2 Min. aufschlagen (Bild 1).

2 Den Teig in die Form füllen und glatt streichen. Im Backofen (Mitte) ca. 30 Min. backen. Dann die Stäbchenprobe machen! Dafür ein Holzstäbchen in die Mitte des Biskuitbodens stecken. Wenn kein Teig am Stäbchen hängen bleibt (Bild 2), ist er fertig. Sonst noch einige Minuten weiterbacken. Den Boden herausnehmen und abkühlen lassen.

3 Inzwischen für die Füllung die Äpfel schälen und raspeln. Die Zitrone heiß waschen und abtrocknen, 1 TL Schale abreiben und den Saft auspressen. Den Zitronensaft mit den Äpfeln mischen. Zucker, Puddingpulver, Agar-Agar und 150 ml Wasser in einen Topf geben, glatt verrühren und aufkochen. Die geraspelten Äpfel, Zitronenschale und Zimtpulver unterheben und unter Rühren ca. 1 Min. köcheln lassen.

4 Den Boden auf eine Kuchenplatte setzen. Den Tortenring um den Boden legen. Apfelmasse auf dem Boden verteilen (Bild 3) und über Nacht in den Kühlschrank stellen. Zum Servieren die Sahne aufschlagen und auf der Apfelmasse verteilen. Nach Belieben mit geraspelter Schokolade verzieren.

1

2

3

BISKUITROLLE MIT BLAUBEERCREME

Frische Blaubeeren, raffiniert mit Creme umhüllt – schmecken einfach himmlisch! Beim allerersten Bissen werden Sie und Ihre Gäste wirklich entzückt sein.

Für die Biskuitrolle (Grundrezept):
180 g Zucker
180 g Mehl | 40 g Sojamehl
2 gehäufte TL Backpulver
2 Msp. Bourbon-Vanillepulver
3 EL neutrales Pflanzenöl
1 TL Apfelessig
Für die Füllung:
2 TL Agar-Agar
1 Bio-Zitrone
400 g Seidentofu (Bioladen)
50–70 g Puderzucker (nach Geschmack)
1 TL Bourbon-Vanillepulver
200 ml kalte aufschlagbare Pflanzensahne
250 g Blaubeeren
Außerdem:
3 EL Zucker
2 EL Puderzucker

Die macht was her!

Für 1 Backblech (35 × 40 cm, 14 – 16 Stücke) | 1 Std. Zubereitung | 10 Min. Backen | 5 Std. Kühlen
Bei 16 Stücken pro Stück ca. 214 kcal, 4 g EW, 8 g F, 31 g KH

1 Den Backofen auf 200° vorheizen. Ein Backblech mit Backpapier auslegen. Für den Teig Zucker, Mehl, Sojamehl, Back- und Vanillepulver in einer Rührschüssel vermischen. 100 ml kaltes Wasser, Essig und Öl dazugeben, alle Zutaten mit den Quirlen des Handrührgeräts auf höchster Stufe ca. 1 Min. aufschlagen.

2 Den Teig auf das Blech geben und gleichmäßig verstreichen. Im Ofen (Mitte) ca. 10 Min. backen. Sobald an einem Holzstäbchen kein Teig mehr kleben bleibt, ist der Biskuit fertig.

3 Ein sauberes Küchentuch mit 3 EL Zucker bestreuen, den Biskuit sofort daraufstürzen. Das Backpapier vorsichtig abziehen (Bild 1). Den Biskuit sofort von der Längsseite her mit dem Tuch locker aufrollen (Bild 2), dann abkühlen lassen.

4 Inzwischen 70 ml kaltes Wasser und Agar-Agar verrühren, aufkochen und ca. 1 Min. unter Rühren köcheln lassen. Dann unter Rühren abkühlen lassen. Die Zitrone heiß abwaschen und abtrocknen, die Schale abreiben und den Saft auspressen. Tofu mit Puderzucker, Vanillepulver, Zitronensaft und -schale fein pürieren. Die Agar-Agar-Masse mit einem Schneebesen unterrühren.

5 Die Sahne steif schlagen und ebenfalls unterheben. Den Biskuit wieder entrollen, die Creme darauf verteilen und dabei einen ca. 2 cm breiten Rand frei lassen. Die Beeren vorsichtig waschen, abtropfen lassen und auf die Creme geben. Den Biskuit mithilfe des Tuches von der Längsseite her aufrollen (Bild 3) und mindestens 5 Std. (am besten über Nacht) kalt stellen, damit die Creme fest wird. Vor dem Servieren mit Puderzucker bestäuben und in Stücke schneiden.

1

2

3

MARONEN-VANILLE-TORTE

Schon mal probiert, eine herrlich süße Creme aus Maronen, Sahne und Schokolade? Jedes Jahr im Herbst muss ich diese Torte für meine Freunde backen.

180 g Zucker
180 g Mehl (Type 405)
40 g Sojamehl
30 g Kakaopulver
1 ½ TL Bourbon-Vanillepulver
3 TL Backpulver | 2 EL Öl
vegane Margarine für die Form
550 g gegarte Maronen
250 ml Pflanzenmilch
70 g vegane Bitterschokolade
ca. 50 g Zucker
250 ml Pflanzensahne zum Kochen
2 Pck. Vanillezucker
2 TL Johannisbrotkernmehl
150 g vegane Margarine
150 g Puderzucker

Außerdem:
1 Tortenring
100 g Aprikosenkonfitüre
Spritzbeutel mit Sterntülle

Für Festtage

Für 1 Springform von 26 cm ∅ (12 Stücke) | 1 Std. Zubereitung | 8 Std. Kühlen | 30 Min. Backen
Pro Stück ca. 500 kcal, 5 g EW, 25 g F, 63 g KH

1 Den Backofen auf 180° vorheizen. Den Boden der Form einfetten. Für den Biskuitboden Zucker, Mehl, Sojamehl, Kakaopulver, 1 TL Vanille- und Backpulver in eine Rührschüssel geben und vermischen. 200 ml kaltes Wasser und Öl dazugeben, alles mit den Quirlen des Handrührgeräts auf höchster Stufe in ca. 1 Min. zu einem glatten Teig verrühren. Den Teig in die Form füllen. Im Backofen (Mitte) ca. 30 Min. backen. Den Boden herausnehmen und abkühlen lassen, dann aus der Form lösen.

2 Für die Füllung Maronen, Pflanzenmilch, Schokolade, Zucker (nach Geschmack), Sahne und 2 Pck. Vanillezucker in einem Topf aufkochen und bei kleiner Hitze ca. 10 Min. köcheln lassen. Das Johannisbrotkernmehl unterrühren und alles mit dem Pürierstab glatt pürieren. Die Creme abkühlen lassen.

3 Den Biskuit mit einem scharfen Messers quer halbieren. Den oberen Teil auf eine Platte setzen. Den Tortenring oder den Rand der Springform um den Boden legen. Konfitüre und 2 EL kaltes Wasser glatt verrühren und den Boden damit bestreichen. Die Maronencreme daraufgeben und glatt streichen. Den zweiten Teil des Biskuits auflegen.

4 Für das Frosting Margarine, Puderzucker und ½ TL Vanillepulver mit den Quirlen des Handrührgeräts auf niedriger Stufe 2–3 Min. aufschlagen. Ein Drittel davon beiseitestellen. Den Rest mithilfe einer Palette oder eines Teigschabers auf der Torte verstreichen. Das übrige Frosting in einen Spritzbeutel mit Sterntülle füllen und 12 Tuffs auf die Torte spritzen. Die Torte über Nacht kalt stellen.

VANILLETARTE MIT QUITTEN

Kardamom gibt der Tarte eine herrliche Raffinesse. Die Quitten sind nur im Spätherbst erhältlich – nutzen Sie die kurze Zeit zum Genießen dieser unwiderstehlichen Tarte!

Für den Tarteboden:
170 g Mehl (Type 550)
75 g Puderzucker
100 g kalte vegane Margarine
1 Prise Salz
vegane Margarine für die Form
Mehl zum Arbeiten und für die Form
250 g getrocknete Hülsenfrüchte

Für den Belag:
200 ml Sojasahne zum Kochen
150 ml Pflanzenmilch
3 EL Agavendicksaft
1 Pck. Vanillepuddingpulver
700 g Quitten | 1 Bio-Zitrone
1 Stange Zimt
1 TL Bourbon-Vanillepulver
6 Kardamomkapseln
100 g Zucker | 50 g Pistazien

Für besondere Anlässe

Für 1 Obsttortenform von 26 cm ∅ (12 Stücke) | 1 Std. Zubereitung | 30 Min. Backen | 1 Std. Kühlen
Pro Stück ca. 290 kcal, 3 g EW, 14 g F, 37 g KH

1 Die Form einfetten und mit Mehl ausstreuen. Mehl, Puderzucker, Margarine, Salz und 1–2 EL kaltes Wasser mit den Händen rasch zu einem Teig verkneten. Den Teig etwas größer als die Form ausrollen, in die Form legen und überstehende Ränder abschneiden. Ca. 30 Min. kalt stellen. Ofen auf 200° vorheizen. Teig mit einer Gabel mehrmals einstechen, mit Backpapier bedecken und Hülsenfrüchte daraufgeben. Im Ofen (Mitte) ca. 10 Min. vorbacken. Dann Backpapier und Hülsenfrüchte entfernen und den Boden in ca. 20 Min. fertig backen.

2 Sojasahne, Milch und Agavendicksaft verrühren. 5 EL davon mit Puddingpulver glatt verrühren. Rest aufkochen, angerührtes Puddingpulver unterrühren, aufkochen und unter Rühren 1–2 Min. köcheln lassen. Abkühlen lassen, dabei öfters rühren.

3 Quitten abreiben, vierteln, entkernen und die Viertel in ca. 3 mm dicke Scheiben schneiden. Zitrone heiß waschen und abtrocknen, die Schale abreiben und den Saft auspressen. Beides mit 600 ml Wasser, Quitten, Zimt und Vanillepulver aufkochen und ca. 2 Min. kochen. Quitten zugedeckt bei kleiner Hitze ca. 15 Min. ziehen lassen. Kardamomkapseln öffnen, die Samen entnehmen. Quitten herausnehmen, den Sud offen bei mittlerer Hitze auf ca. 200 ml einkochen lassen.

4 Zucker in einem Topf schmelzen lassen, dabei nicht rühren. Mit Quittensud samt Gewürzen ablöschen, Kardamomsamen dazugeben. Alles bei mittlerer Hitze in ca. 15 Min. sirupartig einköcheln lassen. Pudding auf den Tarteboden streichen, Quitten darauf verteilen und den Sirup angießen. Pistazien hacken. Tarte damit bestreuen und ca. 1 Std. kalt stellen.

APFELSTRUDEL

Statt Schlagsahne oder Vanillesauce serviere ich am liebsten eine leichte Vanillejoghurtsauce dazu – mit wenig Sojasahne und viel frischem Sojajoghurt.

Für den Strudelteig (Grundrezept):
170 g Mehl (Type 550)
1 Prise Salz
2 EL neutrales Pflanzenöl
1 TL Apfelessig
Mehl zum Arbeiten

Für die Füllung:
1 Bio-Zitrone
600 g Äpfel
½ TL Zimtpulver
½ TL Bourbon-Vanillepulver
60 g gehackte Mandeln
30 g vegane Margarine
30 g Paniermehl

Für die Joghurtsauce:
300 g Sojajoghurt
100 ml Sojasahne
2–3 EL Agavendicksaft (oder Ahornsirup)
½–1 TL Bourbon-Vanillepulver

Klassiker trifft leichte Sauce

Für ca. 10 Stücke | 40 Min. Zubereitung | 30 Min. Kühlen | 35 Min. Backen
Pro Stück ca. 240 kcal, 5 g EW, 13 g F, 24 g KH

1 Für den Teig Mehl, Salz, 70 ml lauwarmes Wasser, 1 EL Öl und Essig in eine Rührschüssel geben und alle Zutaten zuerst mit den Knethaken des Handrührgeräts ca. 1 Min. verkneten. Dann auf einer bemehlten Arbeitsfläche mit den Händen zu einem geschmeidigen Teig verarbeiten. Den Strudelteig abgedeckt im Kühlschrank ca. 30 Min. ruhen lassen.

2 Inzwischen für die Füllung die Zitrone heiß waschen und abtrocknen, die Schale abreiben und den Saft auspressen. Die Äpfel schälen, vierteln, entkernen und die Viertel in Scheiben schneiden. Mit Zitronensaft, Zimt- und Vanillepulver mischen.

3 Die Mandeln in einer Pfanne ohne Fett leicht anrösten. Margarine und Paniermehl dazugeben und beides bei kleiner Hitze unter Rühren 1 – 2 Min. anschwitzen, dann etwas abkühlen lassen.

4 Den Teig sehr dünn ausrollen. Den Teig behutsam über den Handrücken zu einem ca. 50 × 60 cm großen Rechteck ausziehen (siehe Bild) und auf ein großes sauberes Küchentuch legen.
Den Backofen auf 220° vorheizen. Ein Backblech mit Backpapier auslegen.

5 Den Teig mit Mandelmasse bestreichen und die Äpfel darauf verteilen, dabei jeweils einen kleinen Rand frei lassen. Durch Anheben des Tuches den Strudel von der Längsseite her aufrollen. Den Strudel mit der Naht nach unten auf das Blech legen und mit 1 EL Öl bestreichen. Den Strudel im Backofen (Mitte) 30 – 35 Min. backen.

6 Für die Joghurtsauce Joghurt mit Sahne, Agavendicksaft, Vanillepulver und Zitronenschale mit einem Schneebesen verrühren. Die Sauce bis zum Servieren in den Kühlschrank stellen.

KÄSEKUCHEN MIT TOFU

Statt Quark Tofu? Warum nicht! Diese vegane Version schmeckt unschlagbar gut. Wer es nicht weiß, schmeckt den Tofu meistens nicht heraus. Das sagen alle, die ihn probiert haben.

Für den Boden:
260 g Mehl (Type 405)
½ Pck. Backpulver
120 g Zucker | 1 Prise Salz
160 g weiche vegane Margarine
2 Msp. Bourbon-Vanillepulver
vegane Margarine für die Form

Für die Füllung:
800 g Seidentofu
240 g vegane Margarine
2 Bio-Zitronen
400 g Tofu natur
160 g Zucker
2 Pck. Vanillepuddingpulver (oder 80 g Speisestärke und ½ TL Bourbon-Vanillepulver)
frische Beeren (nach Belieben)

Der schmeckt wie der »Echte«

Für 1 Springform von 26 – 28 cm ∅ (12 Stücke) | 30 Min. Zubereitung | 1 Std. Kühlen | 1 Std. 5 Min. Backen
Pro Stück ca. 460 kcal, 8 g EW, 29 g F, 42 g KH

1 Die Form einfetten. Für den Boden Mehl, Backpulver, Zucker und Salz auf einer Arbeitsfläche oder in einer Schüssel vermischen. Margarine in kleinen Stückchen daraufgeben und alles mit den Händen oder Knethaken des Handrührgeräts rasch zu einem Teig verkneten. Den Teig in die Form drücken, dabei einen Rand hochziehen. Die Form ca. 1 Std. in den Kühlschrank stellen.

2 Nach ca. 40 Min. Kühlzeit den Seidentofu in ein mit Küchenpapier ausgelegtes Sieb geben und ca. 10 Min. abtropfen lassen.

3 Den Backofen auf 180° vorheizen. Die Margarine in einem Topf schmelzen und wieder etwas abkühlen lassen. Zitronen heiß waschen und abtrocknen, die Schale fein abreiben und den Saft auspressen. Saft und Schale mit flüssiger Margarine, abgetropftem Seidentofu, Tofu natur, Zucker und Puddingpulver in einem Mixer oder mit dem Pürierstab glatt pürieren.

4 Tofumasse auf den Boden gießen, glatt streichen. Im Ofen (Mitte) ca. 1 Std. 5 Min. backen. Sobald an einem Holzstäbchen nichts mehr kleben bleibt, ist der Kuchen fertig. Kuchen abkühlen lassen. Nach Belieben mit Beeren servieren.

VARIANTE ZUPFKUCHEN

Den Teig wie in Schritt 1 beschrieben zubereiten. Zwei Drittel des Teiges in die gefettete Form drücken, dabei einen kleinen Rand hochziehen und kalt stellen. 60 g Kakaopulver unter den übrigen Teig kneten. Den Teig kalt stellen. Die Füllung wie in Schritt 2 und 3 beschrieben zubereiten und auf den Boden streichen. Kakaoteig zu Streuseln zupfen, Tofumasse damit bestreuen. Im Ofen (Mitte) wie beschrieben backen.

AVOCADO-LIMETTEN-TORTE

8 Bio-Limetten | 300 g Cashewnusskerne | 120 g Kokosraspel | 150 g getrocknete Feigen | 2 EL + 100 ml flüssiges Kokosöl | 7 – 8 EL Agavendicksaft | 1 ½ TL Bourbon-Vanillepulver | 1 Prise Salz | 6 mittelgroße Avocados (z. B. Sorte Hass) | 1 Msp. Zimtpulver | 50 g zimmerwarme Kokoscreme | 50 g Kokosraspel

Ohne Backen | ohne Zucker

Für 1 Springform von 24–26 cm ∅
(12–14 Stücke) | 35 Min. Zubereitung | 8 Std. Kühlen
Bei 14 Stücken pro Stück ca. 760 kcal, 9 g EW, 74 g F, 14 g KH

1 Limetten heiß waschen, abtrocknen und die Schale von 4 Limetten abreiben. Limettenschale mit Cashewnusskernen, 70 g Kokosraspeln, Feigen, 2 EL Kokosöl, 1 EL Agavendicksaft, ½ TL Vanillepulver und Salz in einem Mixer pürieren, bis eine klebrige Masse entsteht. Die Masse mit feuchten Händen auf den Boden der ungefetteten Form drücken und bis die Füllung fertig ist kalt stellen.

2 Für die Füllung die Avocados halbieren, entsteinen und die Hälften schälen. Die Schale der restlichen Limetten abreiben und den Saft aller Limetten auspressen. Avocados, Limetttenschale und -saft, 6 – 7 EL Agavendicksaft, 1 TL Vanillepulver, Zimtpulver und Kokoscreme in eine Rührschüssel geben und mit dem Pürierstab fein pürieren. Zum Schluss 100 ml Kokosöl mit einem Löffel unterrühren.

3 Die Füllung auf die kalte Masse in der Form geben, gleichmäßig verteilen und über Nacht im Kühlschrank fest werden lassen. Mit übrigen Kokosraspeln verzieren.

AVOCADO-SCHOKO-TORTE

150 g Datteln | 350 g Haselnusskerne | 1 EL + 120 ml flüssiges Kokosöl | 9 EL Agavendicksaft | 2 TL Bourbon-Vanillepulver | 1 Prise Salz | 5 mittelgroße Avocados (z. B. Sorte Hass) | 100 g Kakaopulver | 3 EL getrocknete Gojibeeren (oder Cranberrys)

Ohne Backen | gesündeste Schokotorte

Für 1 Springform von 26 cm ∅ (12–14 Stücke) | 30 Min. Zubereitung | 8 Std. Kühlen
Bei 14 Stücken pro Stück ca. 845 kcal, 9 g EW, 83 g F, 10 g KH

1 Datteln vierteln. Mit Nüssen, 1 EL Kokosöl, 3 EL Agavendicksaft, 1 TL Vanillepulver und Salz in einem Mixer pürieren, bis eine klebrige Masse entsteht. Die Masse mit feuchten Händen auf den Boden der ungefetteten Form drücken und in den Kühlschrank stellen, bis die Füllung fertig ist.

2 Für die Füllung die Avocados halbieren, entsteinen und schälen. Avocadohälften, Kakaopulver, 6 EL Agavendicksaft und 1 TL Vanillepulver in einer Rührschüssel mit dem Pürierstab fein pürieren. Zum Schluss 120 ml Kokosöl mit einem Löffel unterrühren.

3 Die Füllung auf die kalte Masse in der Form geben und gleichmäßig verteilen. Die Torte mit den Gojibeeren verzieren. Die Füllung über Nacht im Kühlschrank fest werden lassen.

TIPP

Gojibeeren kaufe ich im Bioladen oder Reformhaus. Die getrockneten Früchte des Bocksdorns schmecken süß und sind sehr dekorativ. Wenn Sie keine Gojibeeren bekommen, ist das nicht schlimm: Verwenden Sie stattdessen getrocknete Cranberrys.

BROT UND QUICHE

Herzhaftes Gebäck ist auch in der pflanzlichen Version fix gemacht und natürlich superlecker. Lassen Sie sich von veganer Quiche und würzigem Brot verführen!

PIZZABROT MIT KRÄUTERN

Es duftet herrlich und ist in Nullkommanix gemacht. Das Pizzabrot können Sie außerdem wunderbar aufpeppen und beliebig mit einem anderen Belag abwandeln.

Für den Teig:
250 g Mehl (Type 405)
2 TL Trockenhefe
½ TL Zucker
½ TL Salz
Mehl zum Arbeiten
Für den Belag:
4 Knoblauchzehen
1 rote Peperoni
2 EL frisch gehackter Oregano
2 EL frisch gehackter Rosmarin
4 EL Olivenöl

Kräuterwürzig

Für 2 Fladen von 26 cm ∅ (à 6 Stücke) | 20 Min. Zubereitung | 1 Std. Ruhen | 12 Min. Backen pro Brot
Pro Stück ca. 270 kcal, 5 g EW, 14 g F, 32 g KH

1 Für den Teig Mehl, Trockenhefe, Zucker und Salz in eine Rührschüssel geben, vermischen. 150 ml lauwarmes Wasser dazugießen, mit dem Stiel eines Holzlöffels verrühren. Teig abgedeckt an einem warmen Ort in ca. 1 Std. auf das Doppelte aufgehen lassen.

2 Etwa 15 Min. vor dem Ende der Gehzeit den Backofen auf 250° vorheizen und eine Eisenpfanne in den Ofen stellen. Inzwischen für den Belag den Knoblauch schälen und fein würfeln. Peperoni putzen, entkernen, waschen und in feine Ringe schneiden. Mit Oregano, Rosmarin und Öl in einer kleinen Schüssel verrühren.

3 Mit bemehlten Händen den Teig halbieren. Jeweils eine Teighälfte mit den Händen auf einem Bogen Backpapier in der Größe der Eisenpfanne formen und vorsichtig mit dem Papier in die Pfanne legen. Dabei den Teig so wenig wie möglich kneten, mit einer Gabel mehrmals einstechen und mit der Hälfte der Kräuterölmischung bestreichen. Im Backofen (Mitte) 10 – 12 Min. backen. Die zweite Teighälfte abdecken und wenn der erste Fladen fertig ist, genauso backen.

VARIANTE **PIZZABROT MIT KAPERN UND OLIVEN**

Dafür den Hefeteig wie im Rezept beschrieben zubereiten. 2 EL schwarze oder grüne Oliven ohne Stein klein hacken und 2 EL Kapern abtropfen lassen. 2 – 3 milde oder 1 scharfe Peperoni putzen, entkernen, waschen und in feine Ringe schneiden. 1 Knoblauchzehe schälen und fein würfeln. Alle Zutaten mit 150 ml lauwarmem Wasser und 4 EL Olivenöl zur Mehlmischung geben und mit dem Stiel eines Holzlöffels verrühren. Teig abdecken und an einem warmen Ort ca. 2 Std. gehen lassen. Dann wie in Schritt 2 und 3 fertig backen.

TOMATEN-ROSMARIN-BROT

100 g in Öl eingelegte getrocknete Tomaten | 3 Zweige Rosmarin | 120 g vegane Margarine | 250 ml Sojamilch | 500 g Mehl (Type 405) | 1 Pck. Trockenhefe | 1 TL Zucker | 2 TL Salz | vegane Margarine für die Form | Mehl zum Arbeiten

Ideal für Grillpartys

Für 1 Kastenform von 25 cm Länge (12 Scheiben) | 10 Min. Zubereitung | 1 Std. 50 Min. Ruhen | 45 Min. Backen
Pro Scheibe ca. 270 kcal, 6 g EW, 14 g F, 32 g KH

1 Die Tomaten abtropfen lassen und in feine Würfel schneiden. Den Rosmarin waschen und trocken schütteln, die Nadeln abzupfen und fein hacken. Die Margarine in einem kleinen Topf zerlassen. Die Sojamilch lauwarm erwärmen.

2 Für den Teig Mehl, Trockenhefe, Zucker und Salz in eine Rührschüssel geben und vermischen. Lauwarme Sojamilch und flüssige Margarine dazugießen und alle Zutaten mit dem Stiel eines Holzlöffels oder den Knethaken eines Handrührgerätes grob vermengen. Den Teig abgedeckt an einem warmen Ort in ca. 1 Std. 30 Min. auf das Doppelte aufgehen lassen.

3 Die Form einfetten. Den Teig nicht mehr kneten und mit bemehlten Händen in die Form geben. Abgedeckt an einem warmen Ort weitere 20 Min. gehen lassen. Den Backofen auf 240° vorheizen. Den Teig in der Form mit einem scharfen Messer mehrmals ca. 5 mm tief einritzen. Im Backofen (Mitte) ca. 45 Min. backen. Dabei eine kleine ofenfeste Form mit Wasser auf den Boden des Backofens stellen.

MÖHREN-WALNUSS-BROT

500 g Dinkelvollkornmehl | 1 Pck. Trockenhefe | 2 TL Salz | 100 g Möhren | 100 g Walnusskerne | 1 Blatt Backpapier (30 × 30 cm) | Dinkelvollkornmehl zum Arbeiten | 1 feuerfeste Form (z. B. eine kleine Auflaufform) | 1 Eisenpfanne oder große ofenfeste Form (26 cm ∅)

Vollwertig und saftig

Für 1 Brot à ca. 920 g (16 – 18 Scheiben) | 35 Min. Zubereitung | 3 Std. 45 Min. Ruhen | 50 Min. Backen
Bei 18 Scheiben pro Scheibe ca. 130 kcal, 5 g EW, 4 g F, 19 g KH

1 Mehl, Hefe und Salz in einer Schüssel mischen. 375 ml lauwarmes Wasser zugießen, alles mit einem Holzlöffelstiel grob verrühren. Teig abgedeckt an einem warmen Ort ca. 3 Std. gehen lassen.

2 Kurz vor Ende der Gehzeit Möhren putzen, schälen und fein reiben. Walnusskerne hacken. Beides unter den Teig heben. Teig mit Dinkelvollkornmehl bestreuen, mit bemehlten Händen auf einen bemehlten Bogen Backpapier (30 × 30 cm) geben und zu einem runden Laib formen. Abgedeckt weitere 45 Min. gehen lassen.

3 Etwa 15 Min. vor Beginn der Backzeit eine ofenfeste Form mit 100 ml Wasser auf den Boden des Ofens stellen. Den Rost in den Ofen (unten) schieben, eine weitere ofenfeste Form oder Eisenpfanne daraufstellen. Ofen auf 220° vorheizen.

4 Das Brot kreuzweise einschneiden. Mit Backpapier in die Form oder Eisenpfanne geben. Im Backofen (unten) 45 – 50 Min. backen. Das Brot ist fertig, wenn es sich beim Klopfen hohl anhört.

SPINAT-CHAMPIGNON-QUICHE

Diese Quiche schmeckt würzig und sahnig. Und die Füllung wird auch durch die Zugabe von Kichererbsenmehl und Speisestärke sehr schön fest.

Für den Boden:
250 g Mehl
(Type 450 oder 550)
½ TL Salz
150 g kalte vegane Margarine
1 EL Sojamehl
vegane Margarine
für die Form
Für die Füllung:
250 g Blattspinat
Salz
200 g Räuchertofu
1 Zwiebel
350 g braune oder weiße
Champignons
5 EL Öl
400 ml Pflanzensahne
zum Kochen
2 EL Kichererbsenmehl
2 EL Speisestärke
2 EL Würzhefeflocken
1 Prise frisch geriebene
Muskatnuss
Salz
schwarzer Pfeffer
aus der Mühle
Kala Namak
(nach Belieben, s. Tipp)

Ideal vorzubereiten

Für 1 Springform von 28 cm ⌀
(12 Stücke) |
35 Min. Zubereitung |
50 Min. Backen
Pro Stück ca. 390 kcal,
8 g EW, 28 g F, 26 g KH

1 Mehl, Salz, Margarine und 3 EL kaltes Wasser mit den Knethaken des Handrührgeräts oder Händen rasch zu einem Teig verkneten. Die Form einfetten. Den Teig etwas größer als die Form ausrollen, in die Form legen und überstehende Ränder abschneiden. Den Teig mit einer Gabel mehrmals einstechen. Den Teig abgedeckt ca. 30 Min. kalt stellen.

2 Inzwischen den Spinat waschen und in reichlich kochendem Salzwasser ca. 10 Sek. blanchieren. In einem Sieb mit kaltem Wasser abschrecken, abtropfen lassen und mit den Händen gut ausdrücken. Den Räuchertofu fein würfeln. Die Zwiebel schälen und ebenfalls würfeln. Champignons putzen, trocken abreiben und in feine Scheiben schneiden.

3 2 EL Öl in einer Pfanne erhitzen, die Tofuwürfel darin bei großer Hitze in ca. 4 Min. kross anbraten. Die Zwiebel dazugeben und bei kleiner Hitze ca. 1 Min. mitbraten. Die Tofu-Zwiebel-Mischung aus der Pfanne nehmen und beiseitestellen. Das übrige Öl in derselben Pfanne erhitzen, die Champignons darin bei großer Hitze ca. 4 Min. braten und zur Tofu-Zwiebel-Mischung geben. Den Backofen auf 220° vorheizen.

4 Sahne, Kichererbsenmehl, Stärke und Hefeflocken in einer Schüssel mit dem Schneebesen glatt verrühren. Mit Muskat, Salz, Pfeffer und nach Belieben mit Kala Namak würzen.

5 Spinat grob hacken. Mit übrigem Gemüse und Sahnemischung vorsichtig verrühren. Die Füllung gleichmäßig auf dem Quicheboden verteilen. Im Backofen (Mitte) ca. 50 Min. backen.

TIPP

Kala Namak ist ein Schwefelsalz, das geschmacklich Eier ersetzen kann. Ich kaufe es entweder in Feinkostgeschäften oder bestelle es im Internetshop.

SÜSSKARTOFFEL-PILZ-QUICHE

Mandelmus setze ich sehr flexibel ein: Für diese Quiche habe ich daraus einen herrlich cremigen Guss kreiert. Damit schmeckt's einfach himmlisch.

Für den Boden:
250 g Mehl
(Type 450 oder 550)
½ TL Salz
150 g kalte vegane Margarine
1 EL Sojamehl
vegane Margarine und Mehl
für die Form
Für die Füllung:
650 g Süßkartoffeln
200 g Shiitakepilze (ersatzweise braune Champignons)
200 g Räuchertofu
2 Knoblauchzehen
1 Stange Lauch | 1–2 EL Öl
250 ml trockener Weißwein
350 ml Gemüsebrühe
3 EL Mandelmus (Bioladen)
Salz | Pfeffer
1–2 Stängel Estragon

Das Mandelmus macht's!

Für 1 Quicheform von 26 cm ⌀ (12–14 Stücke) | 30 Min. Zubereitung | 30 Min. Ruhen | 1 Stunde 10 Min. Backen
Bei 14 Stücken pro Stück ca. 300 kcal, 10 g EW, 15 g F, 26 g KH

1 Mehl, Salz, kalte Margarine, Sojamehl und 3 EL kaltes Wasser mit den Knethaken des Handrührgeräts oder Händen rasch zu einem Teig verkneten. Die Form einfetten, mit Mehl ausstreuen. Den Teig etwas größer als die Form ausrollen, in die Form legen und einen Rand formen (Bild 1). Den Teig mit einer Gabel mehrmals einstechen und abgedeckt ca. 30 Min. kalt stellen.

2 Den Ofen auf 200° vorheizen. Süßkartoffeln schälen und in ca. 3 mm dicke Scheiben schneiden oder hobeln. Pilze putzen und längs in 5–6 mm dicke Scheiben schneiden. Tofu zuerst in ca. 4 mm dicke Scheiben, dann quer in dünne Streifen schneiden. Knoblauch schälen und würfeln. Lauch putzen, waschen und in dünne Ringe schneiden.

3 Öl erhitzen, Tofustreifen darin bei großer Hitze in ca. 1 Min. kross anbraten. Pilzscheiben dazugeben und bei mittlerer Hitze ca. 1 Min. mitbraten. Knoblauch und Lauch zugeben und ca. 1 Min. mitbraten. Mit Wein ablöschen und aufkochen. Die Flüssigkeit in einen Topf abgießen, Brühe und Mandelmus zugeben. Alles unter Rühren aufkochen, bis die Flüssigkeit leicht sämig ist. Mit Salz und Pfeffer würzen. Estragon waschen und trocken schütteln, Blättchen hacken und unter die Mandelcreme rühren.

4 Die Hälfte der Tofu-Pilz-Mischung auf den Boden geben, ein Drittel der Mandelsahne angießen, Süßkartoffeln fächerartig darauflegen (Bild 2). Das Schichten einmal wiederholen, dabei mit einer Schicht Süßkartoffeln abschließen. Das letzte Drittel Mandelcreme angießen (Bild 3). Mit Alufolie abdecken.
Die Quiche im Backofen (Mitte) ca. 55 Min. backen. Die Folie entfernen und die Quiche in weiteren 15 Min. fertig backen.

1

2

3

TARTE MIT BIRNEN UND NUSSKÄSE

Für mich eine supertolle Kombi: Der Nusskäse gibt der Tarte die Cremigkeit, die gegrillten Birnen das gewisse Etwas. Die Tarte ist so einfach und dennoch raffiniert!

Für den Boden:
170 g Mehl
(Type 450 oder 550)
100 g kalte vegane Margarine
1 Prise Salz
vegane Margarine und Mehl für die Form
Mehl zum Arbeiten
250 g Hülsenfrüchte zum Blindbacken

Für den Belag:
6 EL Nussfrischkäse (ca. 80 g, siehe S. 64)
3 große feste Birnen (ca. 600 g)
2 EL Limettensaft
1 EL Öl
2 EL Ahornsirup
1 TL frisch gehackter Thymian (oder ½ TL getrockneter)
3 TL grob gehackte Walnüsse
50 ml trockener Weißwein
Salz
schwarzer Pfeffer aus der Mühle

Herzhaft durch den Herbst

Für 1 Tarte- oder Springform von 26 cm ∅ (12 Stücke) | 40 Min. Zubereitung | 1 Std. Ruhen | 25 Min. Backen
Pro Stück ca. 190 kcal, 3 g EW, 12 g F, 16 g KH

1 Für den Boden Mehl, kalte Margarine, Salz und 1–2 EL kaltes Wasser mit den Knethaken des Handrührgeräts oder Händen rasch zu einem Teig verkneten. Den Teig zu einer Kugel formen, in Klarsichtfolie wickeln und ca. 1 Std. im Kühlschrank ruhen lassen.

2 Den Backofen auf 180° vorheizen. Die Form einfetten und mit Mehl ausstreuen. Den Teig auf einer bemehlten Arbeitsfläche zu einem 20 × 30 cm großen Rechteck ausrollen. Von der kurzen Seite her zwei Drittel des Teiges von oben nach unten einschlagen und den unteren Teil nach oben schlagen. Dann wieder auf bemehlter Arbeitsfläche zum Rechteck ausrollen und erneut einschlagen. Einschlagen und Ausrollen 4- bis 5-mal wiederholen.

3 Den Teig etwas größer als die Form ausrollen, in die Form legen, mit Backpapier und Hülsenfrüchten belegen. Im Backofen (Mitte) ca. 15 Min vorbacken. Backpapier und Hülsenfrüchte entfernen. Den Nussfrischkäse auf dem Tarteboden verteilen. Die Tarte im Ofen weitere 10 Min. backen, dabei in den letzten 5 Min. den Backofengrill zuschalten.

4 Inzwischen die Birnen waschen, halbieren, entkernen und in ca. 1 cm breite Spalten schneiden. Mit Limettensaft beträufeln. Das Öl in einer Grillpfanne erhitzen, die Birnen darin von jeder Seite ca. 1 Min. braten, bis die Birnen leicht braun sind. Ahornsirup, Thymian, Nüsse und Wein dazugeben, salzen und pfeffern. Die Flüssigkeit 3–5 Min. einkochen lassen. Die Tarte aus dem Backofen nehmen, die Birnen samt eingekochter Flüssigkeit auf der Tarte verteilen und servieren.

TIPP

Sie mögen es herzhafter? Dann schneiden Sie 100 g Räuchertofu in kleine Würfel und braten die Tofuwürfel in 2–3 EL Öl kross an. Mit den Birnen auf der Tarte verteilen.

REGISTER

Damit Sie Rezepte mit bestimmten Zutaten noch schneller finden, sind in diesem Register auch beliebte Zutaten wie **Apfel** und **Tofu** alphabetisch eingeordnet und hervorgehoben. Darunter finden Sie das Rezept Ihrer Wahl.

Projektleitung: Monika Greiner
Lektorat: Maryna Zimdars
Korrektorat: Waltraud Schmidt
Layout, Typographie und Umschlaggestaltung: independent Medien-Design, Horst Moser, München
Illustration: Julia Hollweck
Satz: Uhl + Massopust, Aalen
Herstellung: Anna Bäumner
Reproduktion: Repro Ludwig, Zell am See
Druck und Bindung: Firmengruppe APPL, aprinta druck, Wemding
Syndication: www.jalag-syndication.de

1. Auflage 2013
ISBN 978-3-8338-3337-3

www.facebook.com/gu.verlag

GRÄFE UND UNZER

Ein Unternehmen der
GANSKE VERLAGSGRUPPE

Die Autorin

Nicole Just ist Wahl-Berlinerin und passionierte Köchin. Seit Anfang 2009 lebt die Enkelin eines Metzgers vegan und berichtet seit 2010 auf ihrem Blog vegan-sein.de über ihre Erfahrungen damit. Seit 2012 ist sie Mitarbeiterin des veganen Dinnerclubs Mund|Art|Berlin. Außerdem gibt sie Kochkurse, um den Spaß am veganen Kochen und Backen an Interessierte weiterzugeben.

Der Fotograf

Thorsten Suedfels lebt als freier Fotograf in Hamburg und fotografiert Food und Stills für Magazine, Verlage und Agenturen. Die Gerichte in diesem Buch haben in Szene gesetzt Pia Westermann (Foodstyling) und Dietlind Wolf (Styling).

Bildnachweis

Titelfoto: Anke Schütz, Buxtehude; Autorenfoto: René Riis, Berlin; Alle anderen Fotos: Thorsten Suedfels

Titelbildrezept

Käsekuchen (S. 44)

Umwelthinweis

Dieses Buch ist auf PEFC-zertifiziertem Papier aus nachhaltiger Waldwirtschaft gedruckt.

QUALITÄTS G|U GARANTIE

Liebe Leserin, lieber Leser,

haben wir Ihre Erwartungen erfüllt? Sind Sie mit diesem Buch zufrieden? Haben Sie weitere Fragen zu diesem Thema? Wir freuen uns auf Ihre Rückmeldung, auf Lob, Kritik und Anregungen, damit wir für Sie immer besser werden können.

GRÄFE UND UNZER Verlag
Leserservice
Postfach 86 03 13
81630 München
E-Mail:
leserservice@graefe-und-unzer.de

Telefon: 0800 / 723 73 33*
Telefax: 0800 / 501 20 54*
Mo–Do: 8.00–18.00 Uhr
Fr: 8.00–16.00 Uhr
(gebührenfrei in Deutschland)*

Ihr GRÄFE UND UNZER Verlag
Der erste Ratgeberverlag – seit 1722.

Backofenhinweis:

Die Backzeiten können je nach Herd variieren. Die Temperaturangaben in unseren Rezepten beziehen sich auf das Backen im Elektroherd mit Ober- und Unterhitze und können bei Gasherden oder Backen mit Umluft abweichen. Details entnehmen Sie bitte Ihrer Gebrauchsanweisung.

So viel mehr lecker.

ISBN 978-3-8338-3437-0

ISBN 978-3-8338-3626-8

ISBN 978-3-8338-3428-8

Erhältlich im App Store

ISBN 978-3-8338-3433-2

ISBN 978-3-8338-3434-9

Alle hier vorgestellten Bücher sind auch als eBook erhältlich.

Mehr von GU auf **www.gu.de** und
facebook.com/gu.verlag

G|U

Willkommen im Leben.

VEGANE BACK-BASICS – SELBST GEMACHT

Mandeln und Nüsse sind aus der veganen Backstube nicht mehr wegzudenken. Hier meine selbst gemachten Grundzutaten daraus – Nussmilch und Nusskäse.

MANDELMILCH

Für 400 ml: 100 g Mandeln mit kaltem Wasser bedecken und über Nacht einweichen. Am nächsten Tag die Mandeln in ein Sieb abgießen, kalt abwaschen und mit der 3-fachen Menge Wasser im Mixer pürieren. Die Masse durch ein Tuch oder Haarsieb drücken, dabei die Mandelmilch auffangen. Sie ist wie Kuhmilch eine Backzutat, schmeckt pur, süß sowie mit Vanille- oder Zimtpulver.

TIPP

Die Mandeln können Sie auch durch Haselnuss- oder Cashewnusskerne sowie Macadamianüsse ersetzen. Nussmilch hält sich im Kühlschrank ca. 2 Tage. Übrige Nussmasse schmeckt sehr gut im Müsli.

CASHEWNUSSFRISCHKÄSE

Für 175 g: Am Vortag oder einige Tage vor der Verwendung 100 g Cashewnusskerne mit kaltem Wasser bedecken und über Nacht einweichen. Am nächsten Tag die Nüsse in ein Sieb abgießen und kalt abwaschen. 1 Limette heiß abwaschen und abtrocknen, die Schale abreiben und den Saft auspressen. Nüsse, Limettensaft und -schale, 1 EL Hefeflocken, 2 TL helle Misopaste und 50 ml Wasser im Mixer oder mit dem Pürierstab fein pürieren. Mit Salz und Pfeffer würzen. Den Nussfrischkäse abgedeckt bei Zimmertemperatur 1 Tag stehen lassen, dann in den Kühlschrank stellen. Den Nusskäse mit Kräutern wie Schnittlauch, Rosmarin oder Dill und Gewürzen wie Paprikapulver oder Kala Namak (siehe Seite 55) abschmecken.